Self-Esteem Journal

I FELT GOOD ABOUT MYSELF
_____
_____
_____

I SHOWED MYSELF COMPASSION WHEN
_____
_____
_____

3 GOOD THINGS ABOUT ME
_____
_____
_____

TODAY I ACHIEVED
_____
_____
_____

SOMETHING I DID FOR SOMEONE
_____
_____
_____

WHAT WENT WELL TODAY
_____
_____
_____

I AM WORTHY OF LOVE BECAUSE
_____
_____
_____

THINGS TO DO TO
BOOST SELF-ESTEEM

- _____
- _____
- _____
- _____
- _____
- _____
- _____
- _____
- _____
- _____
- _____
- _____
- _____
- _____
- _____
- _____
- _____
- _____
- _____
- _____
- _____
- _____
- _____

Self-Esteem Journal

I FELT GOOD ABOUT MYSELF
_____
_____
_____

I SHOWED MYSELF COMPASSION WHEN
_____
_____
_____

3 GOOD THINGS ABOUT ME
_____
_____
_____

TODAY I ACHIEVED
_____
_____
_____

SOMETHING I DID FOR SOMEONE
_____
_____
_____

WHAT WENT WELL TODAY
_____
_____
_____

I AM WORTHY OF LOVE BECAUSE
_____
_____
_____

THINGS TO DO TO BOOST SELF-ESTEEM
- ☐ _____
- ☐ _____
- ☐ _____
- ☐ _____
- ☐ _____
- ☐ _____
- ☐ _____
- ☐ _____
- ☐ _____
- ☐ _____
- ☐ _____
- ☐ _____
- ☐ _____
- ☐ _____
- ☐ _____
- ☐ _____
- ☐ _____
- ☐ _____
- ☐ _____
- ☐ _____
- ☐ _____
- ☐ _____

Self-Esteem Journal

I FELT GOOD ABOUT MYSELF
_____
_____
_____

I SHOWED MYSELF COMPASSION WHEN
_____
_____
_____

3 GOOD THINGS ABOUT ME
_____
_____
_____

TODAY I ACHIEVED
_____
_____
_____

SOMETHING I DID FOR SOMEONE
_____
_____
_____

WHAT WENT WELL TODAY
_____
_____
_____

I AM WORTHY OF LOVE BECAUSE
_____
_____
_____

THINGS TO DO TO BOOST SELF-ESTEEM

- _____
- _____
- _____
- _____
- _____
- _____
- _____
- _____
- _____
- _____
- _____
- _____
- _____
- _____
- _____
- _____
- _____
- _____
- _____
- _____
- _____
- _____
- _____
- _____
- _____
- _____
- _____
- _____

Self-Esteem Journal

I FELT GOOD ABOUT MYSELF
_____
_____
_____

I SHOWED MYSELF COMPASSION WHEN
_____
_____
_____

3 GOOD THINGS ABOUT ME
_____
_____
_____

TODAY I ACHIEVED
_____
_____
_____

SOMETHING I DID FOR SOMEONE
_____
_____
_____

WHAT WENT WELL TODAY
_____
_____
_____

I AM WORTHY OF LOVE BECAUSE
_____
_____
_____

THINGS TO DO TO BOOST SELF-ESTEEM
- ☐ _____
- ☐ _____
- ☐ _____
- ☐ _____
- ☐ _____
- ☐ _____
- ☐ _____
- ☐ _____
- ☐ _____
- ☐ _____
- ☐ _____
- ☐ _____
- ☐ _____
- ☐ _____
- ☐ _____
- ☐ _____
- ☐ _____
- ☐ _____
- ☐ _____
- ☐ _____
- ☐ _____
- ☐ _____
- ☐ _____
- ☐ _____
- ☐ _____

Self-Esteem Journal

I FELT GOOD ABOUT MYSELF
_____
_____
_____

I SHOWED MYSELF COMPASSION WHEN
_____
_____
_____

3 GOOD THINGS ABOUT ME
_____
_____
_____

TODAY I ACHIEVED
_____
_____
_____

SOMETHING I DID FOR SOMEONE
_____
_____
_____

WHAT WENT WELL TODAY
_____
_____
_____

I AM WORTHY OF LOVE BECAUSE
_____
_____
_____

THINGS TO DO TO BOOST SELF-ESTEEM

- ☐ _____
- ☐ _____
- ☐ _____
- ☐ _____
- ☐ _____
- ☐ _____
- ☐ _____
- ☐ _____
- ☐ _____
- ☐ _____
- ☐ _____
- ☐ _____
- ☐ _____
- ☐ _____
- ☐ _____
- ☐ _____
- ☐ _____
- ☐ _____
- ☐ _____
- ☐ _____
- ☐ _____
- ☐ _____
- ☐ _____
- ☐ _____

Self-Esteem Journal

I FELT GOOD ABOUT MYSELF
_____
_____
_____

I SHOWED MYSELF COMPASSION WHEN
_____
_____
_____

3 GOOD THINGS ABOUT ME
_____
_____
_____

TODAY I ACHIEVED
_____
_____
_____

SOMETHING I DID FOR SOMEONE
_____
_____
_____

WHAT WENT WELL TODAY
_____
_____
_____

I AM WORTHY OF LOVE BECAUSE
_____
_____
_____

THINGS TO DO TO BOOST SELF-ESTEEM

- ☐
- ☐
- ☐
- ☐
- ☐
- ☐
- ☐
- ☐
- ☐
- ☐
- ☐
- ☐
- ☐
- ☐
- ☐
- ☐
- ☐
- ☐
- ☐
- ☐
- ☐
- ☐
- ☐

Self-Esteem Journal

I FELT GOOD ABOUT MYSELF
_____
_____
_____

I SHOWED MYSELF COMPASSION WHEN
_____
_____
_____

3 GOOD THINGS ABOUT ME
_____
_____
_____

TODAY I ACHIEVED
_____
_____
_____

SOMETHING I DID FOR SOMEONE
_____
_____
_____

WHAT WENT WELL TODAY
_____
_____
_____

I AM WORTHY OF LOVE BECAUSE
_____
_____
_____

THINGS TO DO TO BOOST SELF-ESTEEM

- _____
- _____
- _____
- _____
- _____
- _____
- _____
- _____
- _____
- _____
- _____
- _____
- _____
- _____
- _____
- _____
- _____
- _____
- _____
- _____
- _____
- _____
- _____
- _____
- _____

Self-Esteem Journal

I FELT GOOD ABOUT MYSELF
_____
_____
_____

I SHOWED MYSELF COMPASSION WHEN
_____
_____
_____

3 GOOD THINGS ABOUT ME
_____
_____
_____

TODAY I ACHIEVED
_____
_____
_____

SOMETHING I DID FOR SOMEONE
_____
_____
_____

WHAT WENT WELL TODAY
_____
_____
_____

I AM WORTHY OF LOVE BECAUSE
_____
_____
_____

THINGS TO DO TO BOOST SELF-ESTEEM

- ☐ _____
- ☐ _____
- ☐ _____
- ☐ _____
- ☐ _____
- ☐ _____
- ☐ _____
- ☐ _____
- ☐ _____
- ☐ _____
- ☐ _____
- ☐ _____
- ☐ _____
- ☐ _____
- ☐ _____
- ☐ _____
- ☐ _____
- ☐ _____
- ☐ _____
- ☐ _____
- ☐ _____
- ☐ _____
- ☐ _____

Self-Esteem Journal

I FELT GOOD ABOUT MYSELF
_____
_____
_____

I SHOWED MYSELF COMPASSION WHEN
_____
_____
_____

3 GOOD THINGS ABOUT ME
_____
_____
_____

TODAY I ACHIEVED
_____
_____
_____

SOMETHING I DID FOR SOMEONE
_____
_____
_____

WHAT WENT WELL TODAY
_____
_____
_____

I AM WORTHY OF LOVE BECAUSE
_____
_____
_____

THINGS TO DO TO BOOST SELF-ESTEEM

- _____
- _____
- _____
- _____
- _____
- _____
- _____
- _____
- _____
- _____
- _____
- _____
- _____
- _____
- _____
- _____
- _____
- _____
- _____
- _____
- _____
- _____
- _____
- _____

Self-Esteem Journal

I FELT GOOD ABOUT MYSELF
_____
_____
_____

I SHOWED MYSELF COMPASSION WHEN
_____
_____
_____

3 GOOD THINGS ABOUT ME
_____
_____
_____

TODAY I ACHIEVED
_____
_____
_____

SOMETHING I DID FOR SOMEONE
_____
_____
_____

WHAT WENT WELL TODAY
_____
_____
_____

I AM WORTHY OF LOVE BECAUSE
_____
_____
_____

THINGS TO DO TO BOOST SELF-ESTEEM

- _____
- _____
- _____
- _____
- _____
- _____
- _____
- _____
- _____
- _____
- _____
- _____
- _____
- _____
- _____
- _____
- _____
- _____
- _____
- _____
- _____
- _____
- _____
- _____

Self-Esteem Journal

I FELT GOOD ABOUT MYSELF
_____
_____
_____

I SHOWED MYSELF COMPASSION WHEN
_____
_____
_____

3 GOOD THINGS ABOUT ME
_____
_____
_____

TODAY I ACHIEVED
_____
_____
_____

SOMETHING I DID FOR SOMEONE
_____
_____
_____

WHAT WENT WELL TODAY
_____
_____
_____

I AM WORTHY OF LOVE BECAUSE
_____
_____
_____

THINGS TO DO TO BOOST SELF-ESTEEM

- _____
- _____
- _____
- _____
- _____
- _____
- _____
- _____
- _____
- _____
- _____
- _____
- _____
- _____
- _____
- _____
- _____
- _____
- _____
- _____
- _____
- _____
- _____
- _____
- _____
- _____

Self-Esteem Journal

I FELT GOOD ABOUT MYSELF
_____
_____
_____

I SHOWED MYSELF COMPASSION WHEN
_____
_____
_____

3 GOOD THINGS ABOUT ME
_____
_____
_____

TODAY I ACHIEVED
_____
_____
_____

SOMETHING I DID FOR SOMEONE
_____
_____
_____

WHAT WENT WELL TODAY
_____
_____
_____

I AM WORTHY OF LOVE BECAUSE
_____
_____
_____

THINGS TO DO TO BOOST SELF-ESTEEM
- ☐ _____
- ☐ _____
- ☐ _____
- ☐ _____
- ☐ _____
- ☐ _____
- ☐ _____
- ☐ _____
- ☐ _____
- ☐ _____
- ☐ _____
- ☐ _____
- ☐ _____
- ☐ _____
- ☐ _____
- ☐ _____
- ☐ _____
- ☐ _____
- ☐ _____
- ☐ _____
- ☐ _____

Self-Esteem Journal

I FELT GOOD ABOUT MYSELF
_____
_____
_____

I SHOWED MYSELF COMPASSION WHEN
_____
_____
_____

3 GOOD THINGS ABOUT ME
_____
_____
_____

TODAY I ACHIEVED
_____
_____
_____

SOMETHING I DID FOR SOMEONE
_____
_____
_____

WHAT WENT WELL TODAY
_____
_____
_____

I AM WORTHY OF LOVE BECAUSE
_____
_____
_____

THINGS TO DO TO BOOST SELF-ESTEEM

- [ ] _____
- [ ] _____
- [ ] _____
- [ ] _____
- [ ] _____
- [ ] _____
- [ ] _____
- [ ] _____
- [ ] _____
- [ ] _____
- [ ] _____
- [ ] _____
- [ ] _____
- [ ] _____
- [ ] _____
- [ ] _____
- [ ] _____
- [ ] _____
- [ ] _____
- [ ] _____
- [ ] _____
- [ ] _____

Self-Esteem Journal

I FELT GOOD ABOUT MYSELF
_____
_____
_____

I SHOWED MYSELF COMPASSION WHEN
_____
_____
_____

3 GOOD THINGS ABOUT ME
_____
_____
_____

TODAY I ACHIEVED
_____
_____
_____

SOMETHING I DID FOR SOMEONE
_____
_____
_____

WHAT WENT WELL TODAY
_____
_____
_____

I AM WORTHY OF LOVE BECAUSE
_____
_____
_____

THINGS TO DO TO BOOST SELF-ESTEEM

- _____
- _____
- _____
- _____
- _____
- _____
- _____
- _____
- _____
- _____
- _____
- _____
- _____
- _____
- _____
- _____
- _____
- _____
- _____
- _____
- _____
- _____
- _____
- _____

Self-Esteem Journal

I FELT GOOD ABOUT MYSELF
_____
_____
_____

I SHOWED MYSELF COMPASSION WHEN
_____
_____
_____

3 GOOD THINGS ABOUT ME
_____
_____
_____

TODAY I ACHIEVED
_____
_____
_____

SOMETHING I DID FOR SOMEONE
_____
_____
_____

WHAT WENT WELL TODAY
_____
_____
_____

I AM WORTHY OF LOVE BECAUSE
_____
_____
_____

THINGS TO DO TO BOOST SELF-ESTEEM
- _____
- _____
- _____
- _____
- _____
- _____
- _____
- _____
- _____
- _____
- _____
- _____
- _____
- _____
- _____
- _____
- _____
- _____
- _____
- _____
- _____
- _____
- _____
- _____

Self-Esteem Journal

I FELT GOOD ABOUT MYSELF
_____
_____
_____

I SHOWED MYSELF COMPASSION WHEN
_____
_____
_____

3 GOOD THINGS ABOUT ME
_____
_____
_____

TODAY I ACHIEVED
_____
_____
_____

SOMETHING I DID FOR SOMEONE
_____
_____
_____

WHAT WENT WELL TODAY
_____
_____
_____

I AM WORTHY OF LOVE BECAUSE
_____
_____
_____

THINGS TO DO TO BOOST SELF-ESTEEM
☐ _____
☐ _____
☐ _____
☐ _____
☐ _____
☐ _____
☐ _____
☐ _____
☐ _____
☐ _____
☐ _____
☐ _____
☐ _____
☐ _____
☐ _____
☐ _____
☐ _____
☐ _____
☐ _____
☐ _____
☐ _____

Self-Esteem Journal

I FELT GOOD ABOUT MYSELF
_____
_____
_____

I SHOWED MYSELF COMPASSION WHEN
_____
_____
_____

3 GOOD THINGS ABOUT ME
_____
_____
_____

TODAY I ACHIEVED
_____
_____
_____

SOMETHING I DID FOR SOMEONE
_____
_____
_____

WHAT WENT WELL TODAY
_____
_____
_____

I AM WORTHY OF LOVE BECAUSE
_____
_____
_____

THINGS TO DO TO BOOST SELF-ESTEEM

- _____
- _____
- _____
- _____
- _____
- _____
- _____
- _____
- _____
- _____
- _____
- _____
- _____
- _____
- _____
- _____
- _____
- _____
- _____
- _____
- _____
- _____
- _____

Self-Esteem Journal

I FELT GOOD ABOUT MYSELF
_____
_____
_____

I SHOWED MYSELF COMPASSION WHEN
_____
_____
_____

3 GOOD THINGS ABOUT ME
_____
_____
_____

TODAY I ACHIEVED
_____
_____
_____

SOMETHING I DID FOR SOMEONE
_____
_____
_____

WHAT WENT WELL TODAY
_____
_____
_____

I AM WORTHY OF LOVE BECAUSE
_____
_____
_____

THINGS TO DO TO BOOST SELF-ESTEEM

- ☐ _____
- ☐ _____
- ☐ _____
- ☐ _____
- ☐ _____
- ☐ _____
- ☐ _____
- ☐ _____
- ☐ _____
- ☐ _____
- ☐ _____
- ☐ _____
- ☐ _____
- ☐ _____
- ☐ _____
- ☐ _____
- ☐ _____
- ☐ _____
- ☐ _____
- ☐ _____
- ☐ _____
- ☐ _____

Self-Esteem Journal

I FELT GOOD ABOUT MYSELF
_____
_____
_____

I SHOWED MYSELF COMPASSION WHEN
_____
_____
_____

3 GOOD THINGS ABOUT ME
_____
_____
_____

TODAY I ACHIEVED
_____
_____
_____

SOMETHING I DID FOR SOMEONE
_____
_____
_____

WHAT WENT WELL TODAY
_____
_____
_____

I AM WORTHY OF LOVE BECAUSE
_____
_____
_____

THINGS TO DO TO BOOST SELF-ESTEEM
☐ _____
☐ _____
☐ _____
☐ _____
☐ _____
☐ _____
☐ _____
☐ _____
☐ _____
☐ _____
☐ _____
☐ _____
☐ _____
☐ _____
☐ _____
☐ _____
☐ _____
☐ _____
☐ _____
☐ _____
☐ _____
☐ _____
☐ _____
☐ _____
☐ _____

Self-Esteem Journal

I FELT GOOD ABOUT MYSELF
_____
_____
_____

I SHOWED MYSELF COMPASSION WHEN
_____
_____
_____

3 GOOD THINGS ABOUT ME
_____
_____
_____

TODAY I ACHIEVED
_____
_____
_____

SOMETHING I DID FOR SOMEONE
_____
_____
_____

WHAT WENT WELL TODAY
_____
_____
_____

I AM WORTHY OF LOVE BECAUSE
_____
_____
_____

THINGS TO DO TO BOOST SELF-ESTEEM
☐ _____
☐ _____
☐ _____
☐ _____
☐ _____
☐ _____
☐ _____
☐ _____
☐ _____
☐ _____
☐ _____
☐ _____
☐ _____
☐ _____
☐ _____
☐ _____
☐ _____
☐ _____
☐ _____
☐ _____
☐ _____
☐ _____

Mon, Dec, 28 2020

Self-Esteem JOURNAL

I FELT GOOD ABOUT MYSELF
I got the jacket

I SHOWED MYSELF COMPASSION WHEN
I was brave and ask mom and I did what I wanted

3 GOOD THINGS ABOUT ME
·Brave ·Kind ·I want to think healthy

TODAY I ACHIEVED
asking mom to get a jacket for me (love you mom) 😊

SOMETHING I DID FOR SOMEONE
I exrcied today

WHAT WENT WELL TODAY
I got the jacket today

I AM WORTHY OF LOVE BECAUSE
mom just showd me she loved me

THINGS TO DO TO BOOST SELF-ESTEEM
- exercise
- Yoga

Self-Esteem Journal

I FELT GOOD ABOUT MYSELF
_____
_____
_____

I SHOWED MYSELF COMPASSION WHEN
_____
_____
_____

3 GOOD THINGS ABOUT ME
_____
_____
_____

TODAY I ACHIEVED
_____
_____
_____

SOMETHING I DID FOR SOMEONE
_____
_____
_____

WHAT WENT WELL TODAY
_____
_____
_____

I AM WORTHY OF LOVE BECAUSE
_____
_____
_____

THINGS TO DO TO BOOST SELF-ESTEEM

- _____
- _____
- _____
- _____
- _____
- _____
- _____
- _____
- _____
- _____
- _____
- _____
- _____
- _____
- _____
- _____
- _____
- _____
- _____
- _____
- _____
- _____
- _____
- _____
- _____

Self-Esteem Journal

I FELT GOOD ABOUT MYSELF
_____
_____
_____

I SHOWED MYSELF COMPASSION WHEN
_____
_____
_____

3 GOOD THINGS ABOUT ME
_____
_____
_____

TODAY I ACHIEVED
_____
_____
_____

SOMETHING I DID FOR SOMEONE
_____
_____
_____

WHAT WENT WELL TODAY
_____
_____
_____

I AM WORTHY OF LOVE BECAUSE
_____
_____
_____

THINGS TO DO TO BOOST SELF-ESTEEM
- _____
- _____
- _____
- _____
- _____
- _____
- _____
- _____
- _____
- _____
- _____
- _____
- _____
- _____
- _____
- _____
- _____
- _____
- _____
- _____
- _____
- _____

Self-Esteem Journal

I FELT GOOD ABOUT MYSELF
_____
_____
_____

I SHOWED MYSELF COMPASSION WHEN
_____
_____
_____

3 GOOD THINGS ABOUT ME
_____
_____
_____

TODAY I ACHIEVED
_____
_____
_____

SOMETHING I DID FOR SOMEONE
_____
_____
_____

WHAT WENT WELL TODAY
_____
_____
_____

I AM WORTHY OF LOVE BECAUSE
_____
_____
_____

THINGS TO DO TO BOOST SELF-ESTEEM

- ☐ _____
- ☐ _____
- ☐ _____
- ☐ _____
- ☐ _____
- ☐ _____
- ☐ _____
- ☐ _____
- ☐ _____
- ☐ _____
- ☐ _____
- ☐ _____
- ☐ _____
- ☐ _____
- ☐ _____
- ☐ _____
- ☐ _____
- ☐ _____
- ☐ _____
- ☐ _____
- ☐ _____
- ☐ _____
- ☐ _____
- ☐ _____

Self-Esteem Journal

I FELT GOOD ABOUT MYSELF
_____
_____
_____

I SHOWED MYSELF COMPASSION WHEN
_____
_____
_____

3 GOOD THINGS ABOUT ME
_____
_____
_____

TODAY I ACHIEVED
_____
_____
_____

SOMETHING I DID FOR SOMEONE
_____
_____
_____

WHAT WENT WELL TODAY
_____
_____
_____

I AM WORTHY OF LOVE BECAUSE
_____
_____
_____

THINGS TO DO TO BOOST SELF-ESTEEM
- _____
- _____
- _____
- _____
- _____
- _____
- _____
- _____
- _____
- _____
- _____
- _____
- _____
- _____
- _____
- _____
- _____
- _____
- _____
- _____
- _____
- _____
- _____
- _____

Self-Esteem Journal

I FELT GOOD ABOUT MYSELF
_____
_____
_____

I SHOWED MYSELF COMPASSION WHEN
_____
_____
_____

3 GOOD THINGS ABOUT ME
_____
_____
_____

TODAY I ACHIEVED
_____
_____
_____

SOMETHING I DID FOR SOMEONE
_____
_____
_____

WHAT WENT WELL TODAY
_____
_____
_____

I AM WORTHY OF LOVE BECAUSE
_____
_____
_____

THINGS TO DO TO BOOST SELF-ESTEEM
- ☐ _____
- ☐ _____
- ☐ _____
- ☐ _____
- ☐ _____
- ☐ _____
- ☐ _____
- ☐ _____
- ☐ _____
- ☐ _____
- ☐ _____
- ☐ _____
- ☐ _____
- ☐ _____
- ☐ _____
- ☐ _____
- ☐ _____
- ☐ _____
- ☐ _____
- ☐ _____
- ☐ _____
- ☐ _____
- ☐ _____
- ☐ _____
- ☐ _____

Self-Esteem Journal

I FELT GOOD ABOUT MYSELF
_____
_____
_____

I SHOWED MYSELF COMPASSION WHEN
_____
_____
_____

3 GOOD THINGS ABOUT ME
_____
_____
_____

TODAY I ACHIEVED
_____
_____
_____

SOMETHING I DID FOR SOMEONE
_____
_____
_____

WHAT WENT WELL TODAY
_____
_____
_____

I AM WORTHY OF LOVE BECAUSE
_____
_____
_____

THINGS TO DO TO BOOST SELF-ESTEEM

- _____
- _____
- _____
- _____
- _____
- _____
- _____
- _____
- _____
- _____
- _____
- _____
- _____
- _____
- _____
- _____
- _____
- _____
- _____
- _____
- _____
- _____
- _____
- _____
- _____
- _____
- _____

Self-Esteem Journal

I FELT GOOD ABOUT MYSELF
_____
_____
_____

I SHOWED MYSELF COMPASSION WHEN
_____
_____
_____

3 GOOD THINGS ABOUT ME
_____
_____
_____

TODAY I ACHIEVED
_____
_____
_____

SOMETHING I DID FOR SOMEONE
_____
_____
_____

WHAT WENT WELL TODAY
_____
_____
_____

I AM WORTHY OF LOVE BECAUSE
_____
_____
_____

THINGS TO DO TO BOOST SELF-ESTEEM
☐ _____
☐ _____
☐ _____
☐ _____
☐ _____
☐ _____
☐ _____
☐ _____
☐ _____
☐ _____
☐ _____
☐ _____
☐ _____
☐ _____
☐ _____
☐ _____
☐ _____
☐ _____
☐ _____
☐ _____
☐ _____

Self-Esteem Journal

I FELT GOOD ABOUT MYSELF
_____
_____
_____

I SHOWED MYSELF COMPASSION WHEN
_____
_____
_____

3 GOOD THINGS ABOUT ME
_____
_____
_____

TODAY I ACHIEVED
_____
_____
_____

SOMETHING I DID FOR SOMEONE
_____
_____
_____

WHAT WENT WELL TODAY
_____
_____
_____

I AM WORTHY OF LOVE BECAUSE
_____
_____
_____

THINGS TO DO TO BOOST SELF-ESTEEM
☐ _____
☐ _____
☐ _____
☐ _____
☐ _____
☐ _____
☐ _____
☐ _____
☐ _____
☐ _____
☐ _____
☐ _____
☐ _____
☐ _____
☐ _____
☐ _____
☐ _____
☐ _____
☐ _____
☐ _____
☐ _____
☐ _____
☐ _____
☐ _____
☐ _____

Self-Esteem Journal

I FELT GOOD ABOUT MYSELF
_____
_____
_____

I SHOWED MYSELF COMPASSION WHEN
_____
_____
_____

3 GOOD THINGS ABOUT ME
_____
_____
_____

TODAY I ACHIEVED
_____
_____
_____

SOMETHING I DID FOR SOMEONE
_____
_____
_____

WHAT WENT WELL TODAY
_____
_____
_____

I AM WORTHY OF LOVE BECAUSE
_____
_____
_____

THINGS TO DO TO BOOST SELF-ESTEEM
☐ _____
☐ _____
☐ _____
☐ _____
☐ _____
☐ _____
☐ _____
☐ _____
☐ _____
☐ _____
☐ _____
☐ _____
☐ _____
☐ _____
☐ _____
☐ _____
☐ _____
☐ _____
☐ _____
☐ _____
☐ _____
☐ _____
☐ _____
☐ _____
☐ _____

Self-Esteem Journal

I FELT GOOD ABOUT MYSELF
_____
_____
_____

I SHOWED MYSELF COMPASSION WHEN
_____
_____
_____

3 GOOD THINGS ABOUT ME
_____
_____
_____

TODAY I ACHIEVED
_____
_____
_____

SOMETHING I DID FOR SOMEONE
_____
_____
_____

WHAT WENT WELL TODAY
_____
_____
_____

I AM WORTHY OF LOVE BECAUSE
_____
_____
_____

THINGS TO DO TO BOOST SELF-ESTEEM

- _____
- _____
- _____
- _____
- _____
- _____
- _____
- _____
- _____
- _____
- _____
- _____
- _____
- _____
- _____
- _____
- _____
- _____
- _____
- _____
- _____
- _____
- _____
- _____

Self-Esteem Journal

I FELT GOOD ABOUT MYSELF
_____
_____
_____

I SHOWED MYSELF COMPASSION WHEN
_____
_____
_____

3 GOOD THINGS ABOUT ME
_____
_____
_____

TODAY I ACHIEVED
_____
_____
_____

SOMETHING I DID FOR SOMEONE
_____
_____
_____

WHAT WENT WELL TODAY
_____
_____
_____

I AM WORTHY OF LOVE BECAUSE
_____
_____
_____

THINGS TO DO TO BOOST SELF-ESTEEM
- ☐ _____
- ☐ _____
- ☐ _____
- ☐ _____
- ☐ _____
- ☐ _____
- ☐ _____
- ☐ _____
- ☐ _____
- ☐ _____
- ☐ _____
- ☐ _____
- ☐ _____
- ☐ _____
- ☐ _____
- ☐ _____
- ☐ _____
- ☐ _____
- ☐ _____
- ☐ _____
- ☐ _____

Self-Esteem Journal

I FELT GOOD ABOUT MYSELF
_____
_____
_____

I SHOWED MYSELF COMPASSION WHEN
_____
_____
_____

3 GOOD THINGS ABOUT ME
_____
_____
_____

TODAY I ACHIEVED
_____
_____
_____

SOMETHING I DID FOR SOMEONE
_____
_____
_____

WHAT WENT WELL TODAY
_____
_____
_____

I AM WORTHY OF LOVE BECAUSE
_____
_____
_____

THINGS TO DO TO BOOST SELF-ESTEEM

- _____
- _____
- _____
- _____
- _____
- _____
- _____
- _____
- _____
- _____
- _____
- _____
- _____
- _____
- _____
- _____
- _____
- _____
- _____
- _____
- _____
- _____
- _____
- _____

Self-Esteem Journal

I FELT GOOD ABOUT MYSELF
_____
_____
_____

I SHOWED MYSELF COMPASSION WHEN
_____
_____
_____

3 GOOD THINGS ABOUT ME
_____
_____
_____

TODAY I ACHIEVED
_____
_____
_____

SOMETHING I DID FOR SOMEONE
_____
_____
_____

WHAT WENT WELL TODAY
_____
_____
_____

I AM WORTHY OF LOVE BECAUSE
_____
_____
_____

THINGS TO DO TO BOOST SELF-ESTEEM

- ☐
- ☐
- ☐
- ☐
- ☐
- ☐
- ☐
- ☐
- ☐
- ☐
- ☐
- ☐
- ☐
- ☐
- ☐
- ☐
- ☐
- ☐
- ☐
- ☐
- ☐
- ☐
- ☐
- ☐
- ☐
- ☐

Self-Esteem Journal

I FELT GOOD ABOUT MYSELF
_____
_____
_____
_____

I SHOWED MYSELF COMPASSION WHEN
_____
_____
_____
_____

3 GOOD THINGS ABOUT ME
_____
_____
_____
_____

TODAY I ACHIEVED
_____
_____
_____
_____

SOMETHING I DID FOR SOMEONE
_____
_____
_____
_____

WHAT WENT WELL TODAY
_____
_____
_____
_____

I AM WORTHY OF LOVE BECAUSE
_____
_____
_____
_____

THINGS TO DO TO BOOST SELF-ESTEEM
- _____
- _____
- _____
- _____
- _____
- _____
- _____
- _____
- _____
- _____
- _____
- _____
- _____
- _____
- _____
- _____
- _____
- _____
- _____
- _____
- _____
- _____
- _____

Self-Esteem Journal

I FELT GOOD ABOUT MYSELF
_____
_____
_____

I SHOWED MYSELF COMPASSION WHEN
_____
_____
_____
_____

3 GOOD THINGS ABOUT ME
_____
_____
_____
_____

TODAY I ACHIEVED
_____
_____
_____
_____

SOMETHING I DID FOR SOMEONE
_____
_____
_____
_____

WHAT WENT WELL TODAY
_____
_____
_____
_____

I AM WORTHY OF LOVE BECAUSE
_____
_____
_____
_____

THINGS TO DO TO BOOST SELF-ESTEEM

- _____
- _____
- _____
- _____
- _____
- _____
- _____
- _____
- _____
- _____
- _____
- _____
- _____
- _____
- _____
- _____
- _____
- _____
- _____
- _____
- _____
- _____
- _____
- _____
- _____
- _____

Self-Esteem Journal

I FELT GOOD ABOUT MYSELF
_____
_____
_____

I SHOWED MYSELF COMPASSION WHEN
_____
_____
_____

3 GOOD THINGS ABOUT ME
_____
_____
_____

TODAY I ACHIEVED
_____
_____
_____

SOMETHING I DID FOR SOMEONE
_____
_____
_____

WHAT WENT WELL TODAY
_____
_____
_____

I AM WORTHY OF LOVE BECAUSE
_____
_____
_____

THINGS TO DO TO BOOST SELF-ESTEEM

- _____
- _____
- _____
- _____
- _____
- _____
- _____
- _____
- _____
- _____
- _____
- _____
- _____
- _____
- _____
- _____
- _____
- _____
- _____
- _____
- _____
- _____
- _____

Self-Esteem Journal

I FELT GOOD ABOUT MYSELF
_____
_____
_____

I SHOWED MYSELF COMPASSION WHEN
_____
_____
_____

3 GOOD THINGS ABOUT ME
_____
_____
_____

TODAY I ACHIEVED
_____
_____
_____

SOMETHING I DID FOR SOMEONE
_____
_____
_____

WHAT WENT WELL TODAY
_____
_____
_____

I AM WORTHY OF LOVE BECAUSE
_____
_____
_____

THINGS TO DO TO BOOST SELF-ESTEEM

- ▢ _____
- ▢ _____
- ▢ _____
- ▢ _____
- ▢ _____
- ▢ _____
- ▢ _____
- ▢ _____
- ▢ _____
- ▢ _____
- ▢ _____
- ▢ _____
- ▢ _____
- ▢ _____
- ▢ _____
- ▢ _____
- ▢ _____
- ▢ _____
- ▢ _____
- ▢ _____
- ▢ _____
- ▢ _____
- ▢ _____
- ▢ _____

Self-Esteem Journal

I FELT GOOD ABOUT MYSELF
_____
_____
_____

I SHOWED MYSELF COMPASSION WHEN
_____
_____
_____

3 GOOD THINGS ABOUT ME
_____
_____
_____

TODAY I ACHIEVED
_____
_____
_____

SOMETHING I DID FOR SOMEONE
_____
_____
_____

WHAT WENT WELL TODAY
_____
_____
_____

I AM WORTHY OF LOVE BECAUSE
_____
_____
_____

THINGS TO DO TO BOOST SELF-ESTEEM

- _____
- _____
- _____
- _____
- _____
- _____
- _____
- _____
- _____
- _____
- _____
- _____
- _____
- _____
- _____
- _____
- _____
- _____
- _____
- _____
- _____
- _____
- _____
- _____
- _____
- _____

Self-Esteem Journal

I FELT GOOD ABOUT MYSELF
_____
_____
_____

I SHOWED MYSELF COMPASSION WHEN
_____
_____
_____

3 GOOD THINGS ABOUT ME
_____
_____
_____

TODAY I ACHIEVED
_____
_____
_____

SOMETHING I DID FOR SOMEONE
_____
_____
_____

WHAT WENT WELL TODAY
_____
_____
_____

I AM WORTHY OF LOVE BECAUSE
_____
_____
_____

THINGS TO DO TO BOOST SELF-ESTEEM
- _____
- _____
- _____
- _____
- _____
- _____
- _____
- _____
- _____
- _____
- _____
- _____
- _____
- _____
- _____
- _____
- _____
- _____
- _____
- _____
- _____
- _____
- _____
- _____
- _____

Self-Esteem Journal

I FELT GOOD ABOUT MYSELF
_____
_____
_____

I SHOWED MYSELF COMPASSION WHEN
_____
_____
_____

3 GOOD THINGS ABOUT ME
_____
_____
_____

TODAY I ACHIEVED
_____
_____
_____

SOMETHING I DID FOR SOMEONE
_____
_____
_____

WHAT WENT WELL TODAY
_____
_____
_____

I AM WORTHY OF LOVE BECAUSE
_____
_____
_____

THINGS TO DO TO BOOST SELF-ESTEEM
☐ _____
☐ _____
☐ _____
☐ _____
☐ _____
☐ _____
☐ _____
☐ _____
☐ _____
☐ _____
☐ _____
☐ _____
☐ _____
☐ _____
☐ _____
☐ _____
☐ _____
☐ _____
☐ _____
☐ _____
☐ _____
☐ _____

Self-Esteem Journal

I FELT GOOD ABOUT MYSELF
_____
_____
_____

I SHOWED MYSELF COMPASSION WHEN
_____
_____
_____

3 GOOD THINGS ABOUT ME
_____
_____
_____

TODAY I ACHIEVED
_____
_____
_____

SOMETHING I DID FOR SOMEONE
_____
_____
_____

WHAT WENT WELL TODAY
_____
_____
_____

I AM WORTHY OF LOVE BECAUSE
_____
_____
_____

THINGS TO DO TO BOOST SELF-ESTEEM

- ☐ _____
- ☐ _____
- ☐ _____
- ☐ _____
- ☐ _____
- ☐ _____
- ☐ _____
- ☐ _____
- ☐ _____
- ☐ _____
- ☐ _____
- ☐ _____
- ☐ _____
- ☐ _____
- ☐ _____
- ☐ _____
- ☐ _____
- ☐ _____
- ☐ _____
- ☐ _____
- ☐ _____
- ☐ _____
- ☐ _____
- ☐ _____

Self-Esteem Journal

I FELT GOOD ABOUT MYSELF
_____
_____
_____

I SHOWED MYSELF COMPASSION WHEN
_____
_____
_____

3 GOOD THINGS ABOUT ME
_____
_____
_____

TODAY I ACHIEVED
_____
_____
_____

SOMETHING I DID FOR SOMEONE
_____
_____
_____

WHAT WENT WELL TODAY
_____
_____
_____

I AM WORTHY OF LOVE BECAUSE
_____
_____
_____

THINGS TO DO TO BOOST SELF-ESTEEM

- _____
- _____
- _____
- _____
- _____
- _____
- _____
- _____
- _____
- _____
- _____
- _____
- _____
- _____
- _____
- _____
- _____
- _____
- _____
- _____
- _____
- _____

Self-Esteem Journal

I FELT GOOD ABOUT MYSELF
_____
_____
_____

I SHOWED MYSELF COMPASSION WHEN
_____
_____
_____

3 GOOD THINGS ABOUT ME
_____
_____
_____

TODAY I ACHIEVED
_____
_____
_____

SOMETHING I DID FOR SOMEONE
_____
_____
_____

WHAT WENT WELL TODAY
_____
_____
_____

I AM WORTHY OF LOVE BECAUSE
_____
_____
_____

THINGS TO DO TO BOOST SELF-ESTEEM

- ☐ _____
- ☐ _____
- ☐ _____
- ☐ _____
- ☐ _____
- ☐ _____
- ☐ _____
- ☐ _____
- ☐ _____
- ☐ _____
- ☐ _____
- ☐ _____
- ☐ _____
- ☐ _____
- ☐ _____
- ☐ _____
- ☐ _____
- ☐ _____
- ☐ _____
- ☐ _____
- ☐ _____
- ☐ _____
- ☐ _____
- ☐ _____

Self-Esteem Journal

I FELT GOOD ABOUT MYSELF
_____
_____
_____

I SHOWED MYSELF COMPASSION WHEN
_____
_____
_____

3 GOOD THINGS ABOUT ME
_____
_____
_____

TODAY I ACHIEVED
_____
_____
_____

SOMETHING I DID FOR SOMEONE
_____
_____
_____

WHAT WENT WELL TODAY
_____
_____
_____

I AM WORTHY OF LOVE BECAUSE
_____
_____
_____

THINGS TO DO TO
BOOST SELF-ESTEEM

☐ _____
☐ _____
☐ _____
☐ _____
☐ _____
☐ _____
☐ _____
☐ _____
☐ _____
☐ _____
☐ _____
☐ _____
☐ _____
☐ _____
☐ _____
☐ _____
☐ _____
☐ _____
☐ _____
☐ _____
☐ _____
☐ _____
☐ _____
☐ _____
☐ _____
☐ _____
☐ _____

Self-Esteem Journal

I FELT GOOD ABOUT MYSELF
_____
_____
_____

I SHOWED MYSELF COMPASSION WHEN
_____
_____
_____

3 GOOD THINGS ABOUT ME
_____
_____
_____

TODAY I ACHIEVED
_____
_____
_____

SOMETHING I DID FOR SOMEONE
_____
_____
_____

WHAT WENT WELL TODAY
_____
_____
_____

I AM WORTHY OF LOVE BECAUSE
_____
_____
_____

THINGS TO DO TO BOOST SELF-ESTEEM

- ☐ _____
- ☐ _____
- ☐ _____
- ☐ _____
- ☐ _____
- ☐ _____
- ☐ _____
- ☐ _____
- ☐ _____
- ☐ _____
- ☐ _____
- ☐ _____
- ☐ _____
- ☐ _____
- ☐ _____
- ☐ _____
- ☐ _____
- ☐ _____
- ☐ _____
- ☐ _____
- ☐ _____
- ☐ _____
- ☐ _____
- ☐ _____
- ☐ _____

Self-Esteem Journal

I FELT GOOD ABOUT MYSELF
_____
_____
_____

I SHOWED MYSELF COMPASSION WHEN
_____
_____
_____

3 GOOD THINGS ABOUT ME
_____
_____
_____

TODAY I ACHIEVED
_____
_____
_____

SOMETHING I DID FOR SOMEONE
_____
_____
_____

WHAT WENT WELL TODAY
_____
_____
_____

I AM WORTHY OF LOVE BECAUSE
_____
_____
_____

THINGS TO DO TO BOOST SELF-ESTEEM

- _____
- _____
- _____
- _____
- _____
- _____
- _____
- _____
- _____
- _____
- _____
- _____
- _____
- _____
- _____
- _____
- _____
- _____
- _____
- _____
- _____
- _____
- _____
- _____
- _____

Self-Esteem Journal

I FELT GOOD ABOUT MYSELF
_____
_____
_____

I SHOWED MYSELF COMPASSION WHEN
_____
_____
_____

3 GOOD THINGS ABOUT ME
_____
_____
_____

TODAY I ACHIEVED
_____
_____
_____

SOMETHING I DID FOR SOMEONE
_____
_____
_____

WHAT WENT WELL TODAY
_____
_____
_____

I AM WORTHY OF LOVE BECAUSE
_____
_____
_____

THINGS TO DO TO BOOST SELF-ESTEEM

- ☐ _____
- ☐ _____
- ☐ _____
- ☐ _____
- ☐ _____
- ☐ _____
- ☐ _____
- ☐ _____
- ☐ _____
- ☐ _____
- ☐ _____
- ☐ _____
- ☐ _____
- ☐ _____
- ☐ _____
- ☐ _____
- ☐ _____
- ☐ _____
- ☐ _____
- ☐ _____
- ☐ _____
- ☐ _____
- ☐ _____

Self-Esteem Journal

I FELT GOOD ABOUT MYSELF

I SHOWED MYSELF COMPASSION WHEN

3 GOOD THINGS ABOUT ME

TODAY I ACHIEVED

SOMETHING I DID FOR SOMEONE

WHAT WENT WELL TODAY

I AM WORTHY OF LOVE BECAUSE

THINGS TO DO TO BOOST SELF-ESTEEM

Self-Esteem Journal

I FELT GOOD ABOUT MYSELF
_____
_____
_____

I SHOWED MYSELF COMPASSION WHEN
_____
_____
_____

3 GOOD THINGS ABOUT ME
_____
_____
_____

TODAY I ACHIEVED
_____
_____
_____

SOMETHING I DID FOR SOMEONE
_____
_____
_____

WHAT WENT WELL TODAY
_____
_____
_____

I AM WORTHY OF LOVE BECAUSE
_____
_____
_____

THINGS TO DO TO BOOST SELF-ESTEEM

- _____
- _____
- _____
- _____
- _____
- _____
- _____
- _____
- _____
- _____
- _____
- _____
- _____
- _____
- _____
- _____
- _____
- _____
- _____
- _____
- _____
- _____

Self-Esteem Journal

I FELT GOOD ABOUT MYSELF

I SHOWED MYSELF COMPASSION WHEN

3 GOOD THINGS ABOUT ME

TODAY I ACHIEVED

SOMETHING I DID FOR SOMEONE

WHAT WENT WELL TODAY

I AM WORTHY OF LOVE BECAUSE

THINGS TO DO TO BOOST SELF-ESTEEM

Self-Esteem Journal

I FELT GOOD ABOUT MYSELF
_____
_____
_____

I SHOWED MYSELF COMPASSION WHEN
_____
_____
_____

3 GOOD THINGS ABOUT ME
_____
_____
_____

TODAY I ACHIEVED
_____
_____
_____

SOMETHING I DID FOR SOMEONE
_____
_____
_____

WHAT WENT WELL TODAY
_____
_____
_____

I AM WORTHY OF LOVE BECAUSE
_____
_____
_____

THINGS TO DO TO BOOST SELF-ESTEEM

- _____
- _____
- _____
- _____
- _____
- _____
- _____
- _____
- _____
- _____
- _____
- _____
- _____
- _____
- _____
- _____
- _____
- _____
- _____
- _____
- _____
- _____
- _____
- _____

Self-Esteem Journal

I FELT GOOD ABOUT MYSELF
_____
_____
_____

I SHOWED MYSELF COMPASSION WHEN
_____
_____
_____

3 GOOD THINGS ABOUT ME
_____
_____
_____

TODAY I ACHIEVED
_____
_____
_____

SOMETHING I DID FOR SOMEONE
_____
_____
_____

WHAT WENT WELL TODAY
_____
_____
_____

I AM WORTHY OF LOVE BECAUSE
_____
_____
_____

THINGS TO DO TO BOOST SELF-ESTEEM
- _____
- _____
- _____
- _____
- _____
- _____
- _____
- _____
- _____
- _____
- _____
- _____
- _____
- _____
- _____
- _____
- _____
- _____
- _____
- _____
- _____
- _____
- _____
- _____
- _____

Self-Esteem Journal

I FELT GOOD ABOUT MYSELF
_____
_____
_____

I SHOWED MYSELF COMPASSION WHEN
_____
_____
_____

3 GOOD THINGS ABOUT ME
_____
_____
_____

TODAY I ACHIEVED
_____
_____
_____

SOMETHING I DID FOR SOMEONE
_____
_____
_____

WHAT WENT WELL TODAY
_____
_____
_____

I AM WORTHY OF LOVE BECAUSE
_____
_____
_____

THINGS TO DO TO BOOST SELF-ESTEEM

- [ ] _____
- [ ] _____
- [ ] _____
- [ ] _____
- [ ] _____
- [ ] _____
- [ ] _____
- [ ] _____
- [ ] _____
- [ ] _____
- [ ] _____
- [ ] _____
- [ ] _____
- [ ] _____
- [ ] _____
- [ ] _____
- [ ] _____
- [ ] _____
- [ ] _____
- [ ] _____
- [ ] _____
- [ ] _____
- [ ] _____
- [ ] _____
- [ ] _____
- [ ] _____
- [ ] _____

Self-Esteem Journal

I FELT GOOD ABOUT MYSELF
_____
_____
_____

I SHOWED MYSELF COMPASSION WHEN
_____
_____
_____

3 GOOD THINGS ABOUT ME
_____
_____
_____

TODAY I ACHIEVED
_____
_____
_____

SOMETHING I DID FOR SOMEONE
_____
_____
_____

WHAT WENT WELL TODAY
_____
_____
_____

I AM WORTHY OF LOVE BECAUSE
_____
_____
_____

THINGS TO DO TO BOOST SELF-ESTEEM

- _____
- _____
- _____
- _____
- _____
- _____
- _____
- _____
- _____
- _____
- _____
- _____
- _____
- _____
- _____
- _____
- _____
- _____
- _____
- _____
- _____
- _____
- _____
- _____
- _____

Self-Esteem Journal

I FELT GOOD ABOUT MYSELF
_____
_____
_____

I SHOWED MYSELF COMPASSION WHEN
_____
_____
_____

3 GOOD THINGS ABOUT ME
_____
_____
_____

TODAY I ACHIEVED
_____
_____
_____

SOMETHING I DID FOR SOMEONE
_____
_____
_____

WHAT WENT WELL TODAY
_____
_____
_____

I AM WORTHY OF LOVE BECAUSE
_____
_____
_____

THINGS TO DO TO BOOST SELF-ESTEEM

- ☐ _____
- ☐ _____
- ☐ _____
- ☐ _____
- ☐ _____
- ☐ _____
- ☐ _____
- ☐ _____
- ☐ _____
- ☐ _____
- ☐ _____
- ☐ _____
- ☐ _____
- ☐ _____
- ☐ _____
- ☐ _____
- ☐ _____
- ☐ _____
- ☐ _____
- ☐ _____
- ☐ _____
- ☐ _____

Self-Esteem Journal

I FELT GOOD ABOUT MYSELF
_____
_____
_____

I SHOWED MYSELF COMPASSION WHEN
_____
_____
_____

3 GOOD THINGS ABOUT ME
_____
_____
_____

TODAY I ACHIEVED
_____
_____
_____

SOMETHING I DID FOR SOMEONE
_____
_____
_____

WHAT WENT WELL TODAY
_____
_____
_____

I AM WORTHY OF LOVE BECAUSE
_____
_____
_____

THINGS TO DO TO BOOST SELF-ESTEEM

- _____
- _____
- _____
- _____
- _____
- _____
- _____
- _____
- _____
- _____
- _____
- _____
- _____
- _____
- _____
- _____
- _____
- _____
- _____
- _____
- _____
- _____
- _____
- _____
- _____
- _____

Self-Esteem Journal

I FELT GOOD ABOUT MYSELF
_____
_____
_____

I SHOWED MYSELF COMPASSION WHEN
_____
_____
_____

3 GOOD THINGS ABOUT ME
_____
_____
_____

TODAY I ACHIEVED
_____
_____
_____

SOMETHING I DID FOR SOMEONE
_____
_____
_____

WHAT WENT WELL TODAY
_____
_____
_____

I AM WORTHY OF LOVE BECAUSE
_____
_____
_____

THINGS TO DO TO BOOST SELF-ESTEEM

- ☐ _____
- ☐ _____
- ☐ _____
- ☐ _____
- ☐ _____
- ☐ _____
- ☐ _____
- ☐ _____
- ☐ _____
- ☐ _____
- ☐ _____
- ☐ _____
- ☐ _____
- ☐ _____
- ☐ _____
- ☐ _____
- ☐ _____
- ☐ _____
- ☐ _____
- ☐ _____
- ☐ _____
- ☐ _____

Self-Esteem Journal

I FELT GOOD ABOUT MYSELF
_____
_____
_____

I SHOWED MYSELF COMPASSION WHEN
_____
_____
_____

3 GOOD THINGS ABOUT ME
_____
_____
_____

TODAY I ACHIEVED
_____
_____
_____

SOMETHING I DID FOR SOMEONE
_____
_____
_____

WHAT WENT WELL TODAY
_____
_____
_____

I AM WORTHY OF LOVE BECAUSE
_____
_____
_____

THINGS TO DO TO BOOST SELF-ESTEEM
- _____
- _____
- _____
- _____
- _____
- _____
- _____
- _____
- _____
- _____
- _____
- _____
- _____
- _____
- _____
- _____
- _____
- _____
- _____
- _____
- _____
- _____
- _____

Self-Esteem Journal

I FELT GOOD ABOUT MYSELF
_____
_____
_____

I SHOWED MYSELF COMPASSION WHEN
_____
_____
_____

3 GOOD THINGS ABOUT ME
_____
_____
_____

TODAY I ACHIEVED
_____
_____
_____

SOMETHING I DID FOR SOMEONE
_____
_____
_____

WHAT WENT WELL TODAY
_____
_____
_____

I AM WORTHY OF LOVE BECAUSE
_____
_____
_____

THINGS TO DO TO BOOST SELF-ESTEEM
☐ _____
☐ _____
☐ _____
☐ _____
☐ _____
☐ _____
☐ _____
☐ _____
☐ _____
☐ _____
☐ _____
☐ _____
☐ _____
☐ _____
☐ _____
☐ _____
☐ _____
☐ _____
☐ _____
☐ _____
☐ _____
☐ _____
☐ _____

Self-Esteem Journal

I FELT GOOD ABOUT MYSELF
_____
_____
_____

I SHOWED MYSELF COMPASSION WHEN
_____
_____
_____

3 GOOD THINGS ABOUT ME
_____
_____
_____

TODAY I ACHIEVED
_____
_____
_____

SOMETHING I DID FOR SOMEONE
_____
_____
_____

WHAT WENT WELL TODAY
_____
_____
_____

I AM WORTHY OF LOVE BECAUSE
_____
_____
_____

THINGS TO DO TO BOOST SELF-ESTEEM

- _____
- _____
- _____
- _____
- _____
- _____
- _____
- _____
- _____
- _____
- _____
- _____
- _____
- _____
- _____
- _____
- _____
- _____
- _____
- _____
- _____
- _____
- _____
- _____

Self-Esteem Journal

I FELT GOOD ABOUT MYSELF
_____
_____
_____

I SHOWED MYSELF COMPASSION WHEN
_____
_____
_____

3 GOOD THINGS ABOUT ME
_____
_____
_____

TODAY I ACHIEVED
_____
_____
_____

SOMETHING I DID FOR SOMEONE
_____
_____
_____

WHAT WENT WELL TODAY
_____
_____
_____

I AM WORTHY OF LOVE BECAUSE
_____
_____
_____

THINGS TO DO TO BOOST SELF-ESTEEM
- ☐ _____
- ☐ _____
- ☐ _____
- ☐ _____
- ☐ _____
- ☐ _____
- ☐ _____
- ☐ _____
- ☐ _____
- ☐ _____
- ☐ _____
- ☐ _____
- ☐ _____
- ☐ _____
- ☐ _____
- ☐ _____
- ☐ _____
- ☐ _____
- ☐ _____
- ☐ _____
- ☐ _____
- ☐ _____

Self-Esteem Journal

I FELT GOOD ABOUT MYSELF
_____
_____
_____

I SHOWED MYSELF COMPASSION WHEN
_____
_____
_____

3 GOOD THINGS ABOUT ME
_____
_____
_____

TODAY I ACHIEVED
_____
_____
_____

SOMETHING I DID FOR SOMEONE
_____
_____
_____

WHAT WENT WELL TODAY
_____
_____
_____

I AM WORTHY OF LOVE BECAUSE
_____
_____
_____

THINGS TO DO TO BOOST SELF-ESTEEM

- _____
- _____
- _____
- _____
- _____
- _____
- _____
- _____
- _____
- _____
- _____
- _____
- _____
- _____
- _____
- _____
- _____
- _____
- _____
- _____
- _____
- _____

Self-Esteem Journal

I FELT GOOD ABOUT MYSELF
_____
_____
_____

I SHOWED MYSELF COMPASSION WHEN
_____
_____
_____

3 GOOD THINGS ABOUT ME
_____
_____
_____

TODAY I ACHIEVED
_____
_____
_____

SOMETHING I DID FOR SOMEONE
_____
_____
_____

WHAT WENT WELL TODAY
_____
_____
_____

I AM WORTHY OF LOVE BECAUSE
_____
_____
_____

THINGS TO DO TO BOOST SELF-ESTEEM

- _____
- _____
- _____
- _____
- _____
- _____
- _____
- _____
- _____
- _____
- _____
- _____
- _____
- _____
- _____
- _____
- _____
- _____
- _____
- _____
- _____
- _____
- _____
- _____

Self-Esteem Journal

I FELT GOOD ABOUT MYSELF
_____
_____
_____

I SHOWED MYSELF COMPASSION WHEN
_____
_____
_____

3 GOOD THINGS ABOUT ME
_____
_____
_____

TODAY I ACHIEVED
_____
_____
_____

SOMETHING I DID FOR SOMEONE
_____
_____
_____

WHAT WENT WELL TODAY
_____
_____
_____

I AM WORTHY OF LOVE BECAUSE
_____
_____
_____

THINGS TO DO TO BOOST SELF-ESTEEM

- _____
- _____
- _____
- _____
- _____
- _____
- _____
- _____
- _____
- _____
- _____
- _____
- _____
- _____
- _____
- _____
- _____
- _____
- _____
- _____
- _____
- _____
- _____
- _____
- _____

Self-Esteem Journal

I FELT GOOD ABOUT MYSELF
_____
_____
_____

I SHOWED MYSELF COMPASSION WHEN
_____
_____
_____

3 GOOD THINGS ABOUT ME
_____
_____
_____

TODAY I ACHIEVED
_____
_____
_____

SOMETHING I DID FOR SOMEONE
_____
_____
_____

WHAT WENT WELL TODAY
_____
_____
_____

I AM WORTHY OF LOVE BECAUSE
_____
_____
_____

THINGS TO DO TO BOOST SELF-ESTEEM

- ☐ _____
- ☐ _____
- ☐ _____
- ☐ _____
- ☐ _____
- ☐ _____
- ☐ _____
- ☐ _____
- ☐ _____
- ☐ _____
- ☐ _____
- ☐ _____
- ☐ _____
- ☐ _____
- ☐ _____
- ☐ _____
- ☐ _____
- ☐ _____
- ☐ _____
- ☐ _____

Self-Esteem Journal

I FELT GOOD ABOUT MYSELF

I SHOWED MYSELF COMPASSION WHEN

3 GOOD THINGS ABOUT ME

TODAY I ACHIEVED

SOMETHING I DID FOR SOMEONE

WHAT WENT WELL TODAY

I AM WORTHY OF LOVE BECAUSE

THINGS TO DO TO BOOST SELF-ESTEEM

Self-Esteem JOURNAL

I FELT GOOD ABOUT MYSELF
_____
_____
_____

I SHOWED MYSELF COMPASSION WHEN
_____
_____
_____

3 GOOD THINGS ABOUT ME
_____
_____
_____

TODAY I ACHIEVED
_____
_____
_____

SOMETHING I DID FOR SOMEONE
_____
_____
_____

WHAT WENT WELL TODAY
_____
_____
_____

I AM WORTHY OF LOVE BECAUSE
_____
_____
_____

THINGS TO DO TO BOOST SELF-ESTEEM

- _____
- _____
- _____
- _____
- _____
- _____
- _____
- _____
- _____
- _____
- _____
- _____
- _____
- _____
- _____
- _____
- _____
- _____
- _____
- _____
- _____
- _____

Self-Esteem Journal

I FELT GOOD ABOUT MYSELF
_____
_____
_____

I SHOWED MYSELF COMPASSION WHEN
_____
_____
_____

3 GOOD THINGS ABOUT ME
_____
_____
_____

TODAY I ACHIEVED
_____
_____
_____

SOMETHING I DID FOR SOMEONE
_____
_____
_____

WHAT WENT WELL TODAY
_____
_____
_____

I AM WORTHY OF LOVE BECAUSE
_____
_____
_____

THINGS TO DO TO BOOST SELF-ESTEEM

- _____
- _____
- _____
- _____
- _____
- _____
- _____
- _____
- _____
- _____
- _____
- _____
- _____
- _____
- _____
- _____
- _____
- _____
- _____
- _____
- _____
- _____
- _____
- _____
- _____

Self-Esteem Journal

I FELT GOOD ABOUT MYSELF
_____
_____
_____

I SHOWED MYSELF COMPASSION WHEN
_____
_____
_____

3 GOOD THINGS ABOUT ME
_____
_____
_____

TODAY I ACHIEVED
_____
_____
_____

SOMETHING I DID FOR SOMEONE
_____
_____
_____

WHAT WENT WELL TODAY
_____
_____
_____

I AM WORTHY OF LOVE BECAUSE
_____
_____
_____

THINGS TO DO TO BOOST SELF-ESTEEM
- _____
- _____
- _____
- _____
- _____
- _____
- _____
- _____
- _____
- _____
- _____
- _____
- _____
- _____
- _____
- _____
- _____
- _____
- _____
- _____
- _____
- _____
- _____
- _____

Self-Esteem Journal

I FELT GOOD ABOUT MYSELF
_____
_____
_____

I SHOWED MYSELF COMPASSION WHEN
_____
_____
_____

3 GOOD THINGS ABOUT ME
_____
_____
_____

TODAY I ACHIEVED
_____
_____
_____

SOMETHING I DID FOR SOMEONE
_____
_____
_____

WHAT WENT WELL TODAY
_____
_____
_____

I AM WORTHY OF LOVE BECAUSE
_____
_____
_____

THINGS TO DO TO BOOST SELF-ESTEEM
☐ _____
☐ _____
☐ _____
☐ _____
☐ _____
☐ _____
☐ _____
☐ _____
☐ _____
☐ _____
☐ _____
☐ _____
☐ _____
☐ _____
☐ _____
☐ _____
☐ _____
☐ _____
☐ _____
☐ _____
☐ _____
☐ _____

Self-Esteem Journal

I FELT GOOD ABOUT MYSELF
_____
_____
_____

I SHOWED MYSELF COMPASSION WHEN
_____
_____
_____

3 GOOD THINGS ABOUT ME
_____
_____
_____

TODAY I ACHIEVED
_____
_____
_____

SOMETHING I DID FOR SOMEONE
_____
_____
_____

WHAT WENT WELL TODAY
_____
_____
_____

I AM WORTHY OF LOVE BECAUSE
_____
_____
_____

THINGS TO DO TO BOOST SELF-ESTEEM

- ☐ _____
- ☐ _____
- ☐ _____
- ☐ _____
- ☐ _____
- ☐ _____
- ☐ _____
- ☐ _____
- ☐ _____
- ☐ _____
- ☐ _____
- ☐ _____
- ☐ _____
- ☐ _____
- ☐ _____
- ☐ _____
- ☐ _____
- ☐ _____
- ☐ _____
- ☐ _____
- ☐ _____
- ☐ _____

Self-Esteem Journal

I FELT GOOD ABOUT MYSELF
_____
_____
_____

I SHOWED MYSELF COMPASSION WHEN
_____
_____
_____

3 GOOD THINGS ABOUT ME
_____
_____
_____

TODAY I ACHIEVED
_____
_____
_____

SOMETHING I DID FOR SOMEONE
_____
_____
_____

WHAT WENT WELL TODAY
_____
_____
_____

I AM WORTHY OF LOVE BECAUSE
_____
_____
_____

THINGS TO DO TO BOOST SELF-ESTEEM
- _____
- _____
- _____
- _____
- _____
- _____
- _____
- _____
- _____
- _____
- _____
- _____
- _____
- _____
- _____
- _____
- _____
- _____
- _____
- _____
- _____
- _____
- _____
- _____

Self-Esteem Journal

I FELT GOOD ABOUT MYSELF
_____
_____
_____

I SHOWED MYSELF COMPASSION WHEN
_____
_____
_____

3 GOOD THINGS ABOUT ME
_____
_____
_____

TODAY I ACHIEVED
_____
_____
_____

SOMETHING I DID FOR SOMEONE
_____
_____
_____

WHAT WENT WELL TODAY
_____
_____
_____

I AM WORTHY OF LOVE BECAUSE
_____
_____
_____

THINGS TO DO TO BOOST SELF-ESTEEM

- ☐ _____
- ☐ _____
- ☐ _____
- ☐ _____
- ☐ _____
- ☐ _____
- ☐ _____
- ☐ _____
- ☐ _____
- ☐ _____
- ☐ _____
- ☐ _____
- ☐ _____
- ☐ _____
- ☐ _____
- ☐ _____
- ☐ _____
- ☐ _____
- ☐ _____
- ☐ _____
- ☐ _____
- ☐ _____
- ☐ _____

Self-Esteem Journal

I FELT GOOD ABOUT MYSELF
_____
_____
_____

I SHOWED MYSELF COMPASSION WHEN
_____
_____
_____

3 GOOD THINGS ABOUT ME
_____
_____
_____

TODAY I ACHIEVED
_____
_____
_____

SOMETHING I DID FOR SOMEONE
_____
_____
_____

WHAT WENT WELL TODAY
_____
_____
_____

I AM WORTHY OF LOVE BECAUSE
_____
_____
_____

THINGS TO DO TO BOOST SELF-ESTEEM

- _____
- _____
- _____
- _____
- _____
- _____
- _____
- _____
- _____
- _____
- _____
- _____
- _____
- _____
- _____
- _____
- _____
- _____
- _____
- _____
- _____
- _____
- _____
- _____
- _____

Self-Esteem Journal

I FELT GOOD ABOUT MYSELF
_____
_____
_____

I SHOWED MYSELF COMPASSION WHEN
_____
_____
_____

3 GOOD THINGS ABOUT ME
_____
_____
_____

TODAY I ACHIEVED
_____
_____
_____

SOMETHING I DID FOR SOMEONE
_____
_____
_____

WHAT WENT WELL TODAY
_____
_____
_____

I AM WORTHY OF LOVE BECAUSE
_____
_____
_____

THINGS TO DO TO BOOST SELF-ESTEEM

- _____
- _____
- _____
- _____
- _____
- _____
- _____
- _____
- _____
- _____
- _____
- _____
- _____
- _____
- _____
- _____
- _____
- _____
- _____
- _____
- _____
- _____
- _____
- _____
- _____

Self-Esteem Journal

I FELT GOOD ABOUT MYSELF
_____
_____
_____

I SHOWED MYSELF COMPASSION WHEN
_____
_____
_____

3 GOOD THINGS ABOUT ME
_____
_____
_____

TODAY I ACHIEVED
_____
_____
_____

SOMETHING I DID FOR SOMEONE
_____
_____
_____

WHAT WENT WELL TODAY
_____
_____
_____

I AM WORTHY OF LOVE BECAUSE
_____
_____
_____

THINGS TO DO TO BOOST SELF-ESTEEM
- _____
- _____
- _____
- _____
- _____
- _____
- _____
- _____
- _____
- _____
- _____
- _____
- _____
- _____
- _____
- _____
- _____
- _____
- _____
- _____
- _____
- _____
- _____
- _____

Self-Esteem Journal

I FELT GOOD ABOUT MYSELF
_____
_____
_____

I SHOWED MYSELF COMPASSION WHEN
_____
_____
_____

3 GOOD THINGS ABOUT ME
_____
_____
_____

TODAY I ACHIEVED
_____
_____
_____

SOMETHING I DID FOR SOMEONE
_____
_____
_____

WHAT WENT WELL TODAY
_____
_____
_____

I AM WORTHY OF LOVE BECAUSE
_____
_____
_____

THINGS TO DO TO BOOST SELF-ESTEEM

- ☐ _____
- ☐ _____
- ☐ _____
- ☐ _____
- ☐ _____
- ☐ _____
- ☐ _____
- ☐ _____
- ☐ _____
- ☐ _____
- ☐ _____
- ☐ _____
- ☐ _____
- ☐ _____
- ☐ _____
- ☐ _____
- ☐ _____
- ☐ _____
- ☐ _____
- ☐ _____

Self-Esteem Journal

I FELT GOOD ABOUT MYSELF
_____
_____
_____

I SHOWED MYSELF COMPASSION WHEN
_____
_____
_____

3 GOOD THINGS ABOUT ME
_____
_____
_____

TODAY I ACHIEVED
_____
_____
_____

SOMETHING I DID FOR SOMEONE
_____
_____
_____

WHAT WENT WELL TODAY
_____
_____
_____

I AM WORTHY OF LOVE BECAUSE
_____
_____
_____

THINGS TO DO TO BOOST SELF-ESTEEM
- _____
- _____
- _____
- _____
- _____
- _____
- _____
- _____
- _____
- _____
- _____
- _____
- _____
- _____
- _____
- _____
- _____
- _____
- _____
- _____
- _____
- _____
- _____
- _____
- _____

Self-Esteem Journal

I FELT GOOD ABOUT MYSELF
_____
_____
_____

I SHOWED MYSELF COMPASSION WHEN
_____
_____
_____

3 GOOD THINGS ABOUT ME
_____
_____
_____

TODAY I ACHIEVED
_____
_____
_____

SOMETHING I DID FOR SOMEONE
_____
_____
_____

WHAT WENT WELL TODAY
_____
_____
_____

I AM WORTHY OF LOVE BECAUSE
_____
_____
_____

THINGS TO DO TO BOOST SELF-ESTEEM
- [ ] _____
- [ ] _____
- [ ] _____
- [ ] _____
- [ ] _____
- [ ] _____
- [ ] _____
- [ ] _____
- [ ] _____
- [ ] _____
- [ ] _____
- [ ] _____
- [ ] _____
- [ ] _____
- [ ] _____
- [ ] _____
- [ ] _____
- [ ] _____
- [ ] _____
- [ ] _____
- [ ] _____
- [ ] _____
- [ ] _____
- [ ] _____
- [ ] _____

Self-Esteem Journal

I FELT GOOD ABOUT MYSELF
_____
_____
_____

I SHOWED MYSELF COMPASSION WHEN
_____
_____
_____

3 GOOD THINGS ABOUT ME
_____
_____
_____

TODAY I ACHIEVED
_____
_____
_____

SOMETHING I DID FOR SOMEONE
_____
_____
_____

WHAT WENT WELL TODAY
_____
_____
_____

I AM WORTHY OF LOVE BECAUSE
_____
_____
_____

THINGS TO DO TO BOOST SELF-ESTEEM

- _____
- _____
- _____
- _____
- _____
- _____
- _____
- _____
- _____
- _____
- _____
- _____
- _____
- _____
- _____
- _____
- _____
- _____
- _____
- _____
- _____
- _____
- _____
- _____

Self-Esteem Journal

I FELT GOOD ABUT MYSELF
_____
_____
_____

I SHOWED MYSELF COMPASSION WHEN
_____
_____
_____

3 GOOD THINGS ABOUT ME
_____
_____
_____

TODAY I ACHIEVED
_____
_____
_____

SOMETHING I DID FOR SOMEONE
_____
_____
_____

WHAT WENT WELL TODAY
_____
_____
_____

I AM WORTHY OF LOVE BECAUSE
_____
_____
_____

THINGS TO DO TO BOOST SELF-ESTEEM
☐
☐
☐
☐
☐
☐
☐
☐
☐
☐
☐
☐
☐
☐
☐
☐
☐
☐
☐
☐
☐
☐
☐
☐

Self-Esteem Journal

I FELT GOOD ABOUT MYSELF
_____
_____
_____

I SHOWED MYSELF COMPASSION WHEN
_____
_____
_____

3 GOOD THINGS ABOUT ME
_____
_____
_____

TODAY I ACHIEVED
_____
_____
_____

SOMETHING I DID FOR SOMEONE
_____
_____
_____

WHAT WENT WELL TODAY
_____
_____
_____

I AM WORTHY OF LOVE BECAUSE
_____
_____
_____

THINGS TO DO TO BOOST SELF-ESTEEM
- _____
- _____
- _____
- _____
- _____
- _____
- _____
- _____
- _____
- _____
- _____
- _____
- _____
- _____
- _____
- _____
- _____
- _____
- _____
- _____
- _____
- _____
- _____
- _____
- _____

Self-Esteem Journal

I FELT GOOD ABOUT MYSELF
_____
_____
_____

I SHOWED MYSELF COMPASSION WHEN
_____
_____
_____

3 GOOD THINGS ABOUT ME
_____
_____
_____

TODAY I ACHIEVED
_____
_____
_____

SOMETHING I DID FOR SOMEONE
_____
_____
_____

WHAT WENT WELL TODAY
_____
_____
_____

I AM WORTHY OF LOVE BECAUSE
_____
_____
_____

THINGS TO DO TO BOOST SELF-ESTEEM
- ☐ _____
- ☐ _____
- ☐ _____
- ☐ _____
- ☐ _____
- ☐ _____
- ☐ _____
- ☐ _____
- ☐ _____
- ☐ _____
- ☐ _____
- ☐ _____
- ☐ _____
- ☐ _____
- ☐ _____
- ☐ _____
- ☐ _____
- ☐ _____
- ☐ _____
- ☐ _____
- ☐ _____
- ☐ _____
- ☐ _____

Self-Esteem Journal

I FELT GOOD ABOUT MYSELF
_____
_____
_____

I SHOWED MYSELF COMPASSION WHEN
_____
_____
_____

3 GOOD THINGS ABOUT ME
_____
_____
_____

TODAY I ACHIEVED
_____
_____
_____

SOMETHING I DID FOR SOMEONE
_____
_____
_____

WHAT WENT WELL TODAY
_____
_____
_____

I AM WORTHY OF LOVE BECAUSE
_____
_____
_____

THINGS TO DO TO BOOST SELF-ESTEEM

- _____
- _____
- _____
- _____
- _____
- _____
- _____
- _____
- _____
- _____
- _____
- _____
- _____
- _____
- _____
- _____
- _____
- _____
- _____
- _____
- _____
- _____
- _____
- _____
- _____
- _____
- _____

Self-Esteem Journal

I FELT GOOD ABOUT MYSELF
_____
_____
_____

I SHOWED MYSELF COMPASSION WHEN
_____
_____
_____

3 GOOD THINGS ABOUT ME
_____
_____
_____

TODAY I ACHIEVED
_____
_____
_____

SOMETHING I DID FOR SOMEONE
_____
_____
_____

WHAT WENT WELL TODAY
_____
_____
_____

I AM WORTHY OF LOVE BECAUSE
_____
_____
_____

THINGS TO DO TO BOOST SELF-ESTEEM

- _____
- _____
- _____
- _____
- _____
- _____
- _____
- _____
- _____
- _____
- _____
- _____
- _____
- _____
- _____
- _____
- _____
- _____
- _____
- _____
- _____
- _____
- _____
- _____

Self-Esteem Journal

I FELT GOOD ABOUT MYSELF
_____
_____
_____

I SHOWED MYSELF COMPASSION WHEN
_____
_____
_____

3 GOOD THINGS ABOUT ME
_____
_____
_____

TODAY I ACHIEVED
_____
_____
_____

SOMETHING I DID FOR SOMEONE
_____
_____
_____

WHAT WENT WELL TODAY
_____
_____
_____

I AM WORTHY OF LOVE BECAUSE
_____
_____
_____

THINGS TO DO TO BOOST SELF-ESTEEM

- _____
- _____
- _____
- _____
- _____
- _____
- _____
- _____
- _____
- _____
- _____
- _____
- _____
- _____
- _____
- _____
- _____
- _____
- _____
- _____
- _____
- _____
- _____
- _____
- _____
- _____
- _____

Self-Esteem Journal

I FELT GOOD ABOUT MYSELF
_____
_____
_____

I SHOWED MYSELF COMPASSION WHEN
_____
_____
_____

3 GOOD THINGS ABOUT ME
_____
_____
_____

TODAY I ACHIEVED
_____
_____
_____

SOMETHING I DID FOR SOMEONE
_____
_____
_____

WHAT WENT WELL TODAY
_____
_____
_____

I AM WORTHY OF LOVE BECAUSE
_____
_____
_____

THINGS TO DO TO BOOST SELF-ESTEEM

- ☐ _____
- ☐ _____
- ☐ _____
- ☐ _____
- ☐ _____
- ☐ _____
- ☐ _____
- ☐ _____
- ☐ _____
- ☐ _____
- ☐ _____
- ☐ _____
- ☐ _____
- ☐ _____
- ☐ _____
- ☐ _____
- ☐ _____
- ☐ _____
- ☐ _____
- ☐ _____
- ☐ _____
- ☐ _____
- ☐ _____
- ☐ _____

Self-Esteem Journal

I FELT GOOD ABOUT MYSELF
_____
_____
_____

I SHOWED MYSELF COMPASSION WHEN
_____
_____
_____

3 GOOD THINGS ABOUT ME
_____
_____
_____

TODAY I ACHIEVED
_____
_____
_____

SOMETHING I DID FOR SOMEONE
_____
_____
_____

WHAT WENT WELL TODAY
_____
_____
_____

I AM WORTHY OF LOVE BECAUSE
_____
_____
_____

THINGS TO DO TO BOOST SELF-ESTEEM
☐ _____
☐ _____
☐ _____
☐ _____
☐ _____
☐ _____
☐ _____
☐ _____
☐ _____
☐ _____
☐ _____
☐ _____
☐ _____
☐ _____
☐ _____
☐ _____
☐ _____
☐ _____
☐ _____
☐ _____
☐ _____
☐ _____

Self-Esteem Journal

I FELT GOOD ABOUT MYSELF
_____
_____
_____

I SHOWED MYSELF COMPASSION WHEN
_____
_____
_____

3 GOOD THINGS ABOUT ME
_____
_____
_____

TODAY I ACHIEVED
_____
_____
_____

SOMETHING I DID FOR SOMEONE
_____
_____
_____

WHAT WENT WELL TODAY
_____
_____
_____

I AM WORTHY OF LOVE BECAUSE
_____
_____
_____

THINGS TO DO TO BOOST SELF-ESTEEM

- ☐ _____
- ☐ _____
- ☐ _____
- ☐ _____
- ☐ _____
- ☐ _____
- ☐ _____
- ☐ _____
- ☐ _____
- ☐ _____
- ☐ _____
- ☐ _____
- ☐ _____
- ☐ _____
- ☐ _____
- ☐ _____
- ☐ _____
- ☐ _____
- ☐ _____
- ☐ _____
- ☐ _____
- ☐ _____
- ☐ _____
- ☐ _____

Self-Esteem Journal

I FELT GOOD ABOUT MYSELF
_____
_____
_____

I SHOWED MYSELF COMPASSION WHEN
_____
_____
_____

3 GOOD THINGS ABOUT ME
_____
_____
_____

TODAY I ACHIEVED
_____
_____
_____

SOMETHING I DID FOR SOMEONE
_____
_____
_____

WHAT WENT WELL TODAY
_____
_____
_____

I AM WORTHY OF LOVE BECAUSE
_____
_____
_____

THINGS TO DO TO BOOST SELF-ESTEEM
- _____
- _____
- _____
- _____
- _____
- _____
- _____
- _____
- _____
- _____
- _____
- _____
- _____
- _____
- _____
- _____
- _____
- _____
- _____
- _____
- _____
- _____
- _____
- _____
- _____
- _____

Self-Esteem Journal

I FELT GOOD ABOUT MYSELF
_____
_____
_____

I SHOWED MYSELF COMPASSION WHEN
_____
_____
_____

3 GOOD THINGS ABOUT ME
_____
_____
_____

TODAY I ACHIEVED
_____
_____
_____

SOMETHING I DID FOR SOMEONE
_____
_____
_____

WHAT WENT WELL TODAY
_____
_____
_____

I AM WORTHY OF LOVE BECAUSE
_____
_____
_____

THINGS TO DO TO BOOST SELF-ESTEEM

- _____
- _____
- _____
- _____
- _____
- _____
- _____
- _____
- _____
- _____
- _____
- _____
- _____
- _____
- _____
- _____
- _____
- _____
- _____
- _____
- _____
- _____
- _____
- _____

Self-Esteem Journal

I FELT GOOD ABOUT MYSELF
_____
_____
_____

I SHOWED MYSELF COMPASSION WHEN
_____
_____
_____

3 GOOD THINGS ABOUT ME
_____
_____
_____

TODAY I ACHIEVED
_____
_____
_____

SOMETHING I DID FOR SOMEONE
_____
_____
_____

WHAT WENT WELL TODAY
_____
_____
_____

I AM WORTHY OF LOVE BECAUSE
_____
_____
_____

THINGS TO DO TO BOOST SELF-ESTEEM

- ☐ _____
- ☐ _____
- ☐ _____
- ☐ _____
- ☐ _____
- ☐ _____
- ☐ _____
- ☐ _____
- ☐ _____
- ☐ _____
- ☐ _____
- ☐ _____
- ☐ _____
- ☐ _____
- ☐ _____
- ☐ _____
- ☐ _____
- ☐ _____
- ☐ _____
- ☐ _____
- ☐ _____
- ☐ _____
- ☐ _____
- ☐ _____

Self-Esteem Journal

I FELT GOOD ABOUT MYSELF

I SHOWED MYSELF COMPASSION WHEN

3 GOOD THINGS ABOUT ME

TODAY I ACHIEVED

SOMETHING I DID FOR SOMEONE

WHAT WENT WELL TODAY

I AM WORTHY OF LOVE BECAUSE

THINGS TO DO TO BOOST SELF-ESTEEM

Self-Esteem Journal

I FELT GOOD ABOUT MYSELF
_____
_____
_____

I SHOWED MYSELF COMPASSION WHEN
_____
_____
_____

3 GOOD THINGS ABOUT ME
_____
_____
_____

TODAY I ACHIEVED
_____
_____
_____

SOMETHING I DID FOR SOMEONE
_____
_____
_____

WHAT WENT WELL TODAY
_____
_____
_____

I AM WORTHY OF LOVE BECAUSE
_____
_____
_____

THINGS TO DO TO BOOST SELF-ESTEEM

- _____
- _____
- _____
- _____
- _____
- _____
- _____
- _____
- _____
- _____
- _____
- _____
- _____
- _____
- _____
- _____
- _____
- _____
- _____
- _____
- _____
- _____
- _____
- _____
- _____

Self-Esteem Journal

I FELT GOOD ABOUT MYSELF
_____
_____
_____
_____

I SHOWED MYSELF COMPASSION WHEN
_____
_____
_____
_____

3 GOOD THINGS ABOUT ME
_____
_____
_____
_____

TODAY I ACHIEVED
_____
_____
_____
_____

SOMETHING I DID FOR SOMEONE
_____
_____
_____
_____

WHAT WENT WELL TODAY
_____
_____
_____
_____

I AM WORTHY OF LOVE BECAUSE
_____
_____
_____
_____

THINGS TO DO TO BOOST SELF-ESTEEM

- ☐ _____
- ☐ _____
- ☐ _____
- ☐ _____
- ☐ _____
- ☐ _____
- ☐ _____
- ☐ _____
- ☐ _____
- ☐ _____
- ☐ _____
- ☐ _____
- ☐ _____
- ☐ _____
- ☐ _____
- ☐ _____
- ☐ _____
- ☐ _____
- ☐ _____
- ☐ _____
- ☐ _____
- ☐ _____
- ☐ _____
- ☐ _____
- ☐ _____
- ☐ _____
- ☐ _____
- ☐ _____

Self-Esteem Journal

I FELT GOOD ABOUT MYSELF
_____
_____
_____

I SHOWED MYSELF COMPASSION WHEN
_____
_____
_____

3 GOOD THINGS ABOUT ME
_____
_____
_____

TODAY I ACHIEVED
_____
_____
_____

SOMETHING I DID FOR SOMEONE
_____
_____
_____

WHAT WENT WELL TODAY
_____
_____
_____

I AM WORTHY OF LOVE BECAUSE
_____
_____
_____

THINGS TO DO TO BOOST SELF-ESTEEM

- _____
- _____
- _____
- _____
- _____
- _____
- _____
- _____
- _____
- _____
- _____
- _____
- _____
- _____
- _____
- _____
- _____
- _____
- _____
- _____
- _____
- _____
- _____
- _____
- _____
- _____

Made in the USA
Coppell, TX
26 October 2020